CONSIDÉRATIONS

SUR LA

DÉFENSE DE PARIS.

IMPRIMERIE ET LITHOGRAPHIE DE FÉLIX MALTESTE ET Cie
RUE DES DEUX-PORTES-SAINT-SAUVEUR, N° 18.

CONSIDÉRATIONS

DÉFENSE DE PARIS.

Ce n'est pas à Paris qu'il faut défendre
Paris, c'est en Champagne.

PAR LE COMMANDANT **ROCQUANCOURT,**
Directeur des études à l'École de St-Cyr.

PARIS,
LIBRAIRIE MILITAIRE DE GAULTIER-LAGUIONIE,
36, RUE DAUPHINE.

—

1840

CONSIDERATIONS

DÉFENSE DE PARIS.

> Ce n'est pas à Paris qu'il faut défendre
> Paris, c'est en Champagne.

---

§ I.

Le projet, tant de fois débattu et tant de fois ajourné, de défendre Paris par les fortifications, va enfin recevoir son exécution ; et c'est d'une enceinte continue bastionnée, couverte au loin par une chaîne de forts détachés, que l'on attend le salut de la grande ville dans le cas d'une nouvelle invasion.

L'influence des capitales sur la destinée des États est devenue si manifeste dans les derniers temps, qu'il n'est pas un Français, digne de ce nom, qui n'applaudisse à un projet aussi opportun et aussi national que celui de mettre Paris à l'abri de l'étranger. Notre intention, en prenant la plume, n'est donc pas de nous associer aux déclamations de ceux qui, n'ayant d'autre but que de soulever les passions, sont allés jusqu'à métamorphoser en bastilles les ouvrages projetés pour la défense de Paris. Nos vues à ce sujet peuvent être différentes de celles que l'on paraît avoir adoptées ; mais ce ne sont pas les craintes chimériques dont on se plait à entretenir si effrontément l'opinion qui nous les ont suggérées. Vieux soldat et penseur par habitude, elles sont le fruit de nos souvenirs et de nos réflexions.

Nous serons court, le temps nous presse, et, sans plus de frais de rédaction que n'en réclame un aperçu, nous exposerons nettement et loyalement nos idées.

A nos yeux, comme aux yeux du plus grand nombre, Paris n'est pas une ville que l'on doive se proposer de défendre par les moyens ordinaires. Cette vérité, qui devait incessamment dominer la question, et que l'on retrouve effectivement mise en lumière dans la conception des forts détachés, n'apparaît plus dans la partie du projet relative à l'enceinte continue. Que si nous accordons un entier assentiment aux forts détachés, c'est qu'ils sont conformes au caractère national et au mode de guerre actuel. Les forts coûteront peu, gêneront peu et suffiraient pourtant, ainsi que nous espérons le prouver, pour préparer au patriotisme armé pour la défense de Paris une invincible résistance.

On veut de plus une enceinte continue, et pour en justifier l'opportunité, l'on invoque les témoignages des deux plus grandes autorités que présente en pareille matière l'histoire : ceux de Vauban et de Napoléon.

Mais, a-t-on donc oublié qu'il s'est opéré une sorte de révolution dans la manière de faire la guerre et de défendre les États par les fortifications, depuis que Vauban demandait à Louis XIV d'entourer Paris d'une enceinte? Il est fâcheux que les morts ne puissent communiquer avec les vivans; car Vauban, nous en avons la conviction, se hâterait de modifier son idée première, pour la plier au système de guerre actuel.

L'homme sans doute n'a pas changé depuis Vauban; mais quelle différence aujourd'hui dans la manière de l'employer à la guerre! Ce n'était partout sur les frontières qu'enceintes bastionnées autour des villes et lignes continues dans les intervalles, parce que les manœuvres n'étaient pas encore un moyen que l'on sût faire intervenir utilement dans la défensive. On se servait à peine du fusil, de cette arme à la fois si puissante et si portative; l'artillerie, lourde et peu maniable, était encore dans l'enfance; la cavalerie, formée sur trois rangs, contrairement à sa nature, ne chargeait qu'au trot et en faisant le coup de feu. On ignorait le pas emboîté, dont l'introduction plus récente devait avoir de si grandes conséquences. Les places maîtrisaient toutes les conceptions, et tenaient enchaîné le génie. Vauban, dont l'esprit embrassait tout, la guerre, les arts, la politique, Vauban méconnaîtrait-il tant de faits accomplis, tant de données nouvelles, si la question pouvait lui être soumise? Méconnaîtrait-il l'immense accroissement de Paris, et tant d'autres métamorphoses qui se sont opérées dans l'ordre social ?

Mais on cite Napoléon. Évoquez, si vous en avez le pouvoir, la grande ombre du héros, et elle vous criera du sein des mers (1) : « Ne faites pas les frais » d'une enceinte continue autour de Paris; elle ne serait » bonne qu'à gêner la circulation et le développe- » ment de l'industrie. Bornez-vous à un nombre suf- » fisant de forts extérieurs pour arrêter pendant quel-

---

(1) On remarquera que ceci a été écrit au moment de la translation de sa dépouille mortelle de Sainte-Hélène à Cherbourg.

» ques jours seulement les têtes de colonnes de l'inva-
» sion. Paris a besoin de respirer librement; ne l'en-
» fermez pas. Si ce projet d'une enceinte ruineuse et
» gênante m'est attribué, l'on a mal compris ma pen-
» sée : c'est en Champagne que se trouve le secret de
» la défense de Paris. Mes manœuvres, en 1814, ne
» vous en ont-elles donc rien appris? Ce secret, hélas!
» je l'avais découvert; un instant je fus sur le point
» de le saisir et de me l'approprier; mais vain espoir!
» je n'avais pas à ma disposition les moyens néces-
» saires pour en tirer parti. Plus heureux que moi
» vous les possédez et bien au-delà, ces moyens :
» servez-vous-en, mais n'en abusez pas. »

Vouloir pour Paris une enceinte continue, c'est avouer tacitement que l'ennemi pourra venir jusqu'à Paris; car on ne se décide pas à des frais aussi énormes sans la conviction acquise qu'ils seront de quelque utilité. Outre qu'un pareil aveu n'est pas renfermé dans les limites de la prudence, l'armée ne peut-elle pas se méprendre sur la valeur réelle de cette enceinte? Partant de l'idée trompeuse qu'elle aura, dans tous les cas, la propriété d'opérer le salut de la grande ville, n'est-il pas à craindre qu'elle n'en devienne moins opiniâtre à disputer les bois de la Lorraine et les plaines de la Champagne?

Une affaire de si haute importance veut être envisagée sous toutes ses faces. A n'en considérer que la partie matérielle, l'on pourrait grandement se tromper : le moral réclame aussi sa part d'attention, et, pour en dire ici quelque chose, n'est-il pas arrivé telles circonstances de guerre, qui pourraient encore se présenter, où les plus braves troupes, perdant de vue l'objet de leur mission, ont recherché la protection de la forteresse qu'elles étaient destinées à couvrir ? Les forts seuls ne sauraient donner lieu à une méprise de ce genre; car personne ne sera tenté de leur attribuer une résistance indéfinie, et l'armée saura que c'est d'elle, bien plus que d'une défense immédiate, que la France attend le salut de sa capitale.

Paris, pour les besoins si grands, si variés de sa population ; Paris, comme siége du gouvernement et centre des affaires ; Paris, où aboutissent toutes les artères du corps social, et où se concentrent tous les intérêts ; Paris, pour vivre et respirer librement, a besoin de conserver au-delà de ses barrières un cercle d'activité de plusieurs lieues de rayon. Comment n'a-t-on pas vu que le projet de l'enfermer, de le parquer dans une enceinte de pierres, déjà si contraire à tant d'intérêts divers, serait en opposition directe avec l'opinion et avec le caractère si plein d'enthousiasme et d'élan de la nation française? Il y a plus, c'est que, sous le rapport militaire, le premier qu'il importe de prendre en considération, ce projet tend à nous ramener à plus d'un siècle en arrière, et à faire rétrograder l'art de la guerre de toute la période qui nous sépare de Louis XIV.

Mais, puisqu'il paraît constaté que désormais Paris, comme Lille et Strasbourg, aura son enceinte continue, nous allons passer à l'examen de son utilité. Trouverait-on que c'est nous aviser un peu tard que de revenir ainsi sur la chose jugée ? Nous ferions alors observer, dans l'intérêt de notre justification, que plusieurs de nos réflexions n'ayant rien à perdre de leur à-propos, dans le cas de l'existence encore si incertaine de cette enceinte, nous avons dû saisir l'occasion de les produire.

Dans la supposition, assez peu probable, d'une sixième coalition de l'Europe contre la France, il arrivera, ou que la nation indignée, se soulevant en masse, prendra part à la lutte, ou qu'elle abandonnera à l'armée, comme naguère en 1814, le soin de sa défense.

Dans la première hypothèse, et nul doute que c'est celle qui se présenterait, Paris, il n'est pas nécessaire de le démontrer, Paris, bien moins encore qu'en 93, n'aurait point à craindre une visite de l'étranger. Dans l'etat actuel des esprits et des intérêts sociaux en Europe, la coalition ne pourrait se servir que de troupes soldées, et c'est à coup sûr en exagérer le nombre que de le porter à un million de combattans; la France, dans le cas dont il s'agit, en présenterait le double sous les armes, et au milieu du réseau de ses places frontières, quelles craintes pourrait-on concevoir pour Paris?

Dans la seconde hypothèse, l'ennemi, de même qu'en 1814 et 1815, ne pourra se flatter de parvenir jusqu'à Paris qu'après avoir battu, dispersé et mis hors de lice les armées françaises, et alors il arrivera avec son demi-million de soldats.

Nous voulons que tout ait été disposé pour une vigoureuse résistance; que les forts, l'enceinte, les chemins couverts soient hérissés de canons, et qu'enfin plus de cent mille hommes, citoyens et soldats, soient debout pour la défense de la ville du progrès et des arts : que fera l'ennemi? un siége? point du tout. Il se bornera à occuper toutes les issues pour affamer la population. Il n'en saurait être de Paris comme d'une place de guerre d'où l'on fait sortir à l'approche de l'ennemi toutes les bouches inutiles, et même tous ceux qui ne peuvent justifier qu'ils auront assez de vivres pour la durée présumable du siége. On a parlé de la difficulté et même de l'impossibilité de former le blocus d'une enceinte aussi vaste que celle de Paris; c'est grandement se faire illusion ! 5o,ooo hommes de cavalerie, soutenus de 15o,ooo autres seulement d'infanterie, et l'on conviendra que la coalition ne saurait en amener moins sous Paris, suffiraient et au-delà pour intercepter toutes les communications du dehors au dedans, et du dedans au dehors.

Admettons que le développement du blocus se trouve être de vingt lieues, il ne sera même pas besoin de la moitié de ces forces pour affecter 1,ooo cavaliers et 3,5oo fantassins à la garde de chaque lieue; et remarquez que, pendant que ceux-ci veilleront, même nombre au moins se trouvera au bivouac en deuxième ligne.

Mais les défenseurs de Paris ne demeureront pas enfermés comme des taupes derrière leurs parapets : ils feront des sorties qui coûteront cher à l'ennemi. Cela se peut, mais en rapporteront-ils des vivres ? Il ne faut pas l'espérer, alors même qu'ils pourraient tenir la campagne pendant deux ou trois jours; car l'ennemi aura tondu de fort près tous les environs, et sans doute qu'il n'aura pas eu la maladresse de tenir ses grands magasins sous le canon des forts.

Et pendant ce temps, quelle sera à l'intérieur la physionomie de Paris? Tant de causes morales et physiques se développeront au sein de la ville, même pour en abréger la résistance, qu'il n'est pas probable qu'elle se prolonge au-delà de quinze à vingt jours. Tel sera, suivant nous, le plus grand résultat que l'on doive raisonnablement se promettre de tant de frais et d'efforts de tout genre. Ce serait quelque chose, assurément, si la nation tout entière devait s'avancer au secours de sa capitale; mais n'ayant pris jusqu'à présent qu'une faible part à la guerre, car telle est notre hypothèse, va-t-elle maintenant se décider à se lever en masse, alors que le moment d'y songer sera passé, alors que l'armée qui devait la précéder, la diriger, l'encadrer, ne présentera plus que des débris?

Au milieu de cette crise, que sera devenu le gouvernement? Se sera-t-il laissé enfermer dans la capitale pour présider par lui-même à la défense? Ce serait à coup sûr le plus mauvais parti qu'il pût prendre; car toute action de sa part venant à cesser au dehors, il ne lui resterait aucune chance de pouvoir créer de nouvelles ressources; et la France, en proie d'un côté à l'invasion et de l'autre à l'anarchie, ne présenterait bientôt plus que des ruines fumantes sur toute sa surface.

Il sera donc allé s'établir dans quelque ville de l'intérieur. Mais, à son départ, quelle consternation dans Paris, quelles alarmes dans les départemens! Puis, aura-t-il pu faire arriver dans sa nouvelle résidence tous les accessoires, tous les rouages de la machine gouvernementale, les archives, la chancellerie, les ministères avec leurs bureaux; en un mot tout ce dont il a besoin pour fonctionner promptement et utilement? Aura-t-il, comme par le passé, des moyens rapides et sûrs pour communiquer ses ordres et imprimer le mouvement à toutes les administrations locales? Il aura évidemment perdu, avec une bonne partie de ses moyens d'action, cette instantanéité qui, de Paris, et en temps ordinaire, lui donne tant d'influence et de force.

Toutefois, ne voulant pas accorder à ces inconvéniens d'un ordre secondaire plus d'attention qu'ils n'en méritent, nous consentirons à ce que le gouvernement, quelle que soit sa résidence, puisse opérer de nouvelles levées : il faudra du temps avant de pouvoir les mener à l'ennemi; car avec des cadres apauvris, désorganisés, la difficulté de les former sera grande, et Paris aura succombé bien avant qu'on y soit parvenu.

Voilà déjà, ce nous semble, l'utilité d'une enceinte continue quelque peu contestée; mais il est, en outre, pour y faire renoncer, certaines raisons de circonstances que le pouvoir ne saurait manquer de prendre en mûre considération.

Et d'abord, quels frais, quelles dépenses n'entraînera pas la colossale entreprise! car il ne faudra pas moins de 90 à 100 fronts bastionnés, dont chacun, encore qu'on n'y joigne pas d'ouvrages extérieurs, demandera pour son assiette, y compris le glacis, un terrain de 360 mètres environ de longueur, sur 150 de largeur. Or, à cette distance de Paris, quels sacrifices imposés à l'industrie, quels intérêts froissés, et par conséquent, quelles indemnités à accorder! Ce ne sera partout et pendant longtemps, en avant des barrières, que débris de maisons, de fabriques, de magasins, d'entrepôts, de murs de clôture, de bâtisses de tout genre.

Déjà, il est vrai, tous ces détails sont entrés dans les prévisions du gouvernement. L'état de nos finances est prospère et cent millions feront face à toutes les indemnités, à toutes les démolitions, à toutes les constructions, à tous les bouleversemens quelconques qu'entraînera l'exécution du projet (1).

Mais, ce qui ne saurait être prévu avec la même certitude, qu'on nous permette de le dire, ce sont les conséquences qui peuvent résulter, à une époque aussi inflammable que celle où nous vivons, de l'agglomération et du mélange de cent mille travailleurs, ouvriers et soldats, sur un théâtre tel que la banlieue de Paris, où déjà l'on compte à peu près autant de cabarets que de maisons, et où ne manqueront pas de s'accumuler journellement, et du dehors et du dedans de la grande ville, une foule d'autres causes d'immoralité et de désordres.

Arrêtons-nous ici, et avant d'exposer nos vues, résumons les inconvéniens du système auquel on a si brusquement accordé la préférence.

Il résulte pour nous de ce qu'on vient de lire :

1° Que, dans le cas d'une guerre nationale, les fortifications de Paris, les forts comme l'enceinte, deviendraient de fait inutiles ;

---

(1) 100 millions ne suffiraient pas, et tant s'en faut ; mais tel était, ou à peu près, le langage du dernier ministère, lorsqu'il proclama son intention de fortifier Paris.

2

2° Que, dans le cas d'une guerre ordinaire d'armées à armées, elles ne retarderaient que de quelques jours la capitulation ;

3° Qu'elles ne dispenseraient pas le gouvernement d'aller s'établir ailleurs ;

4° Que l'ennemi, selon toute probabilité , arrivera plus tôt sous Paris entouré de bastions, que sous Paris sans bastions, si tant est qu'il doive jamais y revenir;

5° Que la construction, nécessairement fort longue, de l'enceinte de Paris, pourra ne pas être sans inconvéniens pour l'ordre public ;

6° Et, comme conclusion, que ces fortifications, si formidables qu'on veuille les imaginer, seraient impuissantes pour arrêter l'invasion et donner le temps de créer de nouvelles ressources.

§ II.

Il est, à notre sens, un moyen moins dispendieux et beaucoup plus efficace pour assurer la conservation de Paris, que tous les projets de défense immédiate que l'on pourrait imaginer. Dans l'exposé que nous allons en faire, nos motifs seront déduits de l'expérience si récente et si imposante de la campagne de 1814, et du caractère même de la nation qui, pleine d'élan, quand il s'agit de prévenir l'ennemi, s'accommode peu d'une défensive absolue.

D'Arçon, qui assistait à la grande révolution opérée dans les méthodes de guerre, sur la fin du siècle dernier; D'Arçon, que son talent a fait distinguer des autres ingénieurs de son temps, conseille de chercher la résistance d'une place de guerre bien plus dans la défense de ses abords, que dans celle de son enceinte. C'est en agrandissant son idée pour la plier, d'une part, au développement et à l'importance de Paris, et, de l'autre, au système de guerre introduit par Napoléon, que nous avons été conduit à une solution fort différente de celle qui paraît avoir prévalu.

Lorsque, en se reportant en 1796, on voit Bonaparte, isolé, sans appui, au sein d'une terre étrangère, interdire à des forces triples l'approche de Mantoue qu'il faisait assiéger, n'est-on pas encouragé à suivre un si bel exemple pour interdire aussi l'approche de Paris? Bonaparte, il est vrai, valait à lui seul une armée et plus qu'une armée; mais, outre qu'il résultera déjà de la possession de Paris, pour l'armée destinée à le couvrir, un avantage que n'avait pas Bonaparte, et que rendait même négatif l'occupation de Mantoue par les Autrichiens, n'est-il donc aucun moyen matériel pour compenser, dans le cas dont il s'agit, l'absence d'une aussi grande capacité militaire? On nous permettra de n'en rien croire; et nous avons même quelque espoir de rattacher à notre sentiment tous ceux de nos lecteurs qui daigneront nous accorder un moment d'attention.

Et d'abord nous établirons, à l'aide des faits et du raisonnement, que *l'invasion ne saurait atteindre Paris que par la zone comprise entre l'Aisne et l'Yonne.*

En effet, si l'on consulte les souvenirs de 1814, on trouve les forces des alliés partagées en trois grandes masses : l'une, à droite, la grande armée, s'avançant par le bassin de la Seine; la seconde, au centre, l'armée de Silésie, par la vallée de la Marne et la route centrale de la Champagne; la troisième, l'armée russe, débouchant par Soissons. Souvent battues et refoulées, tantôt sur Troyes et tantôt sur Laon, par la rapidité des mouvemens de leur intrépide mais trop faible adversaire, elles s'opiniâtrèrent constamment à reprendre ces mêmes directions pendant toute la durée de la lutte, parce que la configuration de l'échiquier leur imposait l'obligation de n'en point sortir.

Le raisonnement se trouve ici d'accord avec l'expérience pour prouver qu'avant de songer à gagner Paris, l'ennemi devra, en effet, commencer par chasser l'armée française de la zone dont il s'agit, sous peine de s'exposer à un désastre certain. Voudrait-il s'avancer par la Picardie, en laissant l'armée française en Champagne; il se verrait infailliblement coupé de ses communications, et refoulé dans le cul-de-sac formé par La Manche et la Basse-Seine.

Voudrait-il, au contraire, tourner l'aile droite de cette même armée, pour déboucher par Auxerre et Montargis, sur le plateau de la Loire; il perdrait de même ses communications, et, battu au cœur même de la France, il lui resterait d'autant moins de chances de salut, que l'armée du Rhône (voy. plus loin) pourrait coopérer à sa ruine; et remarquez que, dans un cas comme dans l'autre, les garnisons de nos places frontières deviendraient un dernier obstacle à sa retraite.

Toute la question se réduit donc à la défense de la zone comprise entre l'Aisne et l'Yonne, dans la direction, ou à peu près, de Soissons à Nogent et Montereau (1). A cette distance, Paris ne ressentirait aucun des maux de la guerre, et le gouvernement, que l'ap-

---

(1) L'importance de ces points se trouve suffisamment constatée par la campagne de 1814.

proche d'un blocus aurait obligé d'en sortir, y demeurerait calme et plein d'énergie, comme autrefois le sénat romain en présence d'Annibal victorieux. Là, entouré de tous ses rouages, de tous ses moyens d'action et de communication, il pourrait donner une attention soutenue aux opérations, et presser l'arrivée des renforts de tout genre dont l'armée aurait besoin. Il ne faut pas se le dissimuler, le départ du gouvernement de Paris serait un plus grand mal qu'une bataille perdue. Partout ailleurs, il essaierait en vain de conjurer l'orage.

Mais comment parvenir à défendre avec certitude la ligne dont il s'agit ? A l'aide d'une armée et des ouvrages de l'art.

Le premier point sera pour nous d'adapter ces ouvrages aux méthodes de guerre actuelles et à l'échiquier particulier dont l'importance a été signalée. Paris, comme point objectif de cet échiquier, serait entouré, non pas d'une enceinte continue, nous en avons démontré l'inutilité, mais de cette chaîne de forts extérieurs dont quelques-uns sont déjà à demi-construits. Ces forts, qu'un bon relief et des escarpes revêtues mettraient à l'abri d'un coup de main, renfermeraient, en bâtimens et en matériel, tout ce dont auraient besoin les garnisons pour une vigoureuse résistance. Leur rôle, comme on le verra par nos développemens ultérieurs, sera moins de soutenir un siége, que de contribuer au gain d'une bataille.

Cette chaîne de forts construite, nous n'avons plus besoin, pour délivrer à jamais Paris de la visite de l'étranger, que de deux têtes de pont et de trois grandes places entre l'Aisne et l'Yonne.

Que l'on consente à transporter la moitié seulement des inutiles bastions projetés pour Paris sur la ligne dont nous avons parlé; que l'on accroisse Soissons; que l'on fasse de chacun des points de Montmirail (1) et de Nogent-sur-Seine une place de quatorze ou quinze fronts, sans autres accessoires que ceux de l'enceinte projetée de Paris ; que chacune de ces trois places soit pourvue d'un camp retranché, construit d'après les idées du général Rogniat (2), et pouvant au besoin recevoir 100 à 120,000 hommes; que ces places renferment tout ce dont peut avoir besoin pendant quelques jours une armée de cette force : que de

---

(1) Nous indiquons Montmirail pour fixer les idées ; car peut-être vaudrait-il mieux choisir, ou Laferté-Gaucher, ou Sezanne, ou bien encore quelque autre point sur le Morin.

(2) Voyez son ouvrage intitulé : *Considérations sur l'art de la guerre.*

Montereau, où nous voulons une vaste tête de pont sur la rive gauche, que de Montereau parte une route stratégique pour gagner Soissons par Nogent (1), Montmirail et Château-Thierry, où nous terminons l'emploi des ouvrages de l'art par une double tête de pont sur la Marne ; que l'on fasse toutes ces dépenses qui, certes, ne s'élèveront pas à la moitié de celles que coûtera la colossale enceinte, et l'on aura complété, sous le rapport des fortifications, toutes les mesures préparatoires qui, selon nous, peuvent arrêter l'invasion et garantir Paris.

Vitry, en avant de cet échiquier, Laon et Lafère, sur le flanc gauche, serviraient respectivement d'intermédiaire entre les nouvelles places et les places anciennement construites de l'Est et du Nord. Toutes celles que l'on voudrait projeter en dehors de cet échiquier, si ce n'est peut-être à Troyes, seraient parfaitement inutiles.

Il nous faut maintenant faire ressortir l'utilité de ces divers travaux de l'art ; et pour cela, nous n'avons

---

(1) Il est entendu que Soissons et Nogent seraient fortifiés sur les deux rives.

qu'à présenter succinctement le mécanisme des opé-rations.

Avec les forces dont pourra toujours disposer la France dans un moment de crise (1), il lui sera facile de pourvoir largement à la défense de ses forteresses, y compris Paris où nous voulons au moins 100,000 hommes (2), et d'en faire entrer 500,000 autres dans la formation de ses masses actives.

L'une d'elles, de 100,000 hommes, ayant Lyon pour centre d'action, serait destinée, sous le nom d'armée du Rhône, à couvrir le centre et le midi du royaume (3).

Admettons que les quatre cent autres mille hommes, après avoir disputé le terrain sur nos frontières du Nord et de l'Est, aient été réduits de moitié et refoulés en Champagne, comme naguère nos glorieux débris. Là, ils trouvent derrière eux nos places avec

---

(1) Nous y comprenons 300,000 hommes environ de garde nationale mobile.

(2) Dont un tiers de troupes de ligne, avec un nombre suffisant de canonniers et de sapeurs.

(3) Avec un pivot tel que Lyon, depuis qu'il a été si judicieusement fortifié, 100,000 hommes suffiraient pour faire face à toutes les éventualités.

leurs camps retranchés et tout ce qu'elles renferment pour les besoins d'une armée.

De ces deux cent mille hommes, nous en affectons trente mille à la garde des trois places et des deux têtes de pont; nous en tenons cinquante mille autres échelonnés en réserve dans la région centrale de Meaux, et enfin, nous formons, des cent vingt mille qui nous restent, l'armée proprement dite.

Sur un théâtre ainsi préparé, cette armée pourra tenir la campagne et livrer à l'ennemi, nécessairement divisé, des combats d'autant plus certains, qu'elle pourra se concentrer sur tel point du front d'opérations que le général voudra choisir; elle pourra tantôt poussant jusqu'à Troyes, tantôt jusqu'à Reims ou par de là Vitry, opérer de vigoureux retours offensifs et rouvrir peut-être ses communications avec la Lorraine.

Encore que ce doive être une lutte *à un contre deux et même contre trois*, les chances ne seront pas tellement inégales, grâce à nos ouvrages et à la proximité des secours de tout genre, que l'armée ne puisse remporter des avantages décisifs et trancher ainsi la question sans appel.

Mais l'ennemi vient-il à remporter une grande victoire, rien n'est encore perdu : l'armée, quoique battue, n'a eu garde de rétrograder; elle s'est retirée dans l'un des camps retranchés où elle a promptement reçu des renforts : ils étaient échelonnés entre elle et Paris. Là elle se tient en observation et attend qu'il plaise à l'ennemi de prendre un parti.

Se décide-t-il à l'attaquer; toutes les chances sont pour elle, eût-il encore à lui opposer trois hommes contre un. Fatigué d'une lutte qui lui aura coûté cher et sans doute en peine de trouver à vivre (1), il s'éloignera pour tenter ailleurs la fortune. L'armée le suivra, épiant le moment de tomber sur ses derrières ou sur le flanc de ses colonnes divisées. C'est ainsi qu'avec de faibles ressources et sans le secours si puissant en pareil cas des ouvrages de l'art, Napoléon, en 1814, arrêta si longtemps l'invasion.

L'ennemi au contraire tente-t-il de s'avancer sur Paris, sans tenir compte de la présence de l'armée sur son flanc, ce sera de sa part un acte de la dernière témérité; et à moins de quelque faute qui permette de l'attaquer avec avantage, nous voulons que l'armée le laisse s'avancer.

---

(1) Trois ou quatre cent mille hommes ne sauraient longtemps trouver à vivre sur le même point, fût-ce dans un meilleur pays que la Champagne.

Dès le troisième jour ses têtes de colonnes arrive-
ront en vue de Saint-Denis ; mais ce sera le terme de
leur pointe audacieuse. Là, en effet, elles trouveront
pour les arrêter des myriades de combattans, citoyens
et soldats, et les mille canons des forts (1); elles y
trouveront le gouvernement présidant par lui-même
à leur réception; elles y trouveront quelque chose
de plus encore que le nombre : elles y trouveront le
patriotisme debout et en armes pour la défense des
foyers; et jugez de quelle confiance, de quelle ardeur
sublime ne seront pas remplis les généreux défenseurs de Paris, après que l'on aura dit à chacun, et
que chacun se sera répété : cette visite était prévue
et elle est le présage certain de la ruine prochaine de
l'ennemi!

Pendant ce temps, en effet, l'armée active, répétant
les belles manœuvres de Montmirail et de Champ-
Aubert, aura saisi le moment de se jeter sur le flanc
et les derrières des colonnes allongées de la coalition.
Sachant Paris en sûreté, sa confiance aura redoublé,

---

(1) Quelques ouvrages du moment, tracés d'après la méthode à double
flanquement du commandant Rocquancourt (Voy. tom. iv de son ouvrage), rempliraient, sur les points les plus vulnérables, les intervalles
entre les forts.

et, pleine de cet enthousiasme qui enchaîne la victoire, elle aura pris une revanche qui ne laissera à l'étranger vaincu, coupé et pressé de toutes parts, d'autre ressource que de fuir dispersé! Fuir, et comment? arrêté qu'il sera par les garnisons et les paysans soulevés de nos frontières.

Nous livrons avec confiance à la méditation de nos lecteurs ces quelques réflexions sur la défense de Paris; et Paris, comme chacun sait, c'est la France, c'est la *Patrie* tout entière. Qu'elles soient accueillies ou qu'elles soient rejetées, elles n'en seront pas moins l'œuvre d'une intime conviction et des sentimens les plus purs.

Dans une crise qu'un instant l'on a paru redouter, nous devions au pays le tribut de nos réflexions, avant de lui offrir celui de notre sang. Là se borne la tâche d'un bon citoyen et d'un soldat dévoué : d'autres pourront l'accomplir mieux que nous, mais non de meilleur cœur.

Le 15 octobre 1840.